Inhalt

Unkündbar? - Unternehmen wollen Minderleister loswerden

Kernthesen

Beitrag

Fallbeispiele

Weiterführende Literatur

Impressum

Unkündbar? - Unternehmen wollen Minderleister loswerden

M.Reiner

Kernthesen

- Low Performer, die dauerhaft schlechte Leistungen erbringen, schaden einem Unternehmen nicht nur wirtschaftlich, sondern sind auch schlecht für das Betriebsklima und die Motivation der Kollegen.
- Dennoch haben Arbeitgeber schlechte Karten wenn es darum geht, Angestellten aufgrund unzureichender Arbeitsleistungen zu kündigen. Sie bedienen sich immer raffinierterer Tricks, um die unliebsamen Mitarbeiter loszuwerden.

- Scheidet der Minderleister endlich aus dem Betrieb aus, ist der Schaden meist schon angerichtet. Damit es gar nicht so weit kommt, sollten Vorbeugungsmaßnahmen getroffen und Low Performer frühzeitig an die Hand genommen werden.

Beitrag

Gerade in Krisenzeiten haben Vorgesetzte ein besonderes Auge auf ihre Angestellten. Low Performer, die schlechte Arbeitsleistungen erbringen, sind ihnen ein Dorn im Auge. In den meisten Fällen kann den Minderleistern jedoch nicht so ohne weiteres gekündigt werden.

Vorbeugen statt kündigen

Minderleister schaden den Betrieben nicht nur in wirtschaftlicher Hinsicht. Sie gefährden das Betriebsklima und demotivieren ihre Kollegen, indem sie auf ihre Kosten schlechte Arbeit leisten. Vor allem in Zeiten, in denen die Personaldecke dünn ist, fällt die Arbeitsleistung des Einzelnen stärker ins Gewicht. Führungskräfte und Personaler sind jetzt besonders gefragt. Haben sie bisher aus Scheu vor einem offenen Gespräch ein Auge zugedrückt, muss nun Stellung bezogen werden, bevor der Schaden noch größer wird.

Bevor Arbeitgeber eine Kündigung ins Auge fassen, sollte hinterfragt werden, wieso der Arbeitnehmer eine schlechte Performance abgibt. Das ist wirtschaftlicher und besser für das Betriebsklima. Nicht selten liegt es an der Führung, an mangelnder Motivation oder an unrealistischen Zielen, die die Mitarbeiter in ihren Leistungen beeinträchtigen. Auslöser sind auch oft Umstrukturierungen oder Fusionen, bei denen die Mitarbeiter auf der Strecke geblieben sind und innerlich gekündigt haben. (4), (5), (6), (8)

Damit Low Performer von Anfang an keine Chance haben, sollten ein paar Grundregeln beachtet werden. (1), (4)
- Auf die Probe stellen: Schon in der Bewerbungsphase sollten Assessement-Center und Probetage eingesetzt und die wichtigsten Persönlichkeitsmerkmale und Anforderungen festgehalten werden. Die Probezeit ist ein Test, bei der der Arbeitnehmer auf Herz und Nieren geprüft wird.
- Transparente Leistungen: Fortschritte müssen laufend überwacht werden. Sollte etwas schief gehen, kann schnell reagiert werden.
- Coaching: Besteht der Eindruck, dass der

Mitarbeiter nicht die volle Leistung liefert, sollte der Vorgesetzte das Gespräch suchen und die Gründe eruieren.
- Fehlerbehebung: Fehler sollten immer sofort und unmissverständlich aufgezeigt und Lösungswege beschrieben werden. Dem Angestellten müssen die Konsequenzen dargelegt werden, falls die gewünschten Leistungen nicht erbracht werden.
- Unterstützung: Führungskräfte sollten den Low Performern Verbesserungsvorschläge anhand konkreter Maßnahmen anbieten. Außerdem muss der Mitarbeiter bei der Besserung seines Verhaltens unterstützt werden. Auch kleine Fortschritte sollten gelobt werden.
- Zeit: Low Performer benötigen Zeit, um ihre Arbeitseinstellung zu ändern und Fehler auszubügeln. Sollten jedoch alle Maßnahmen auf Dauer nichts nützen, ist eine Trennung angeraten.

Kündigung von Minderleistern

Ist trotz aller Maßnahmen eine Kündigung unvermeidlich, sollte sich der Arbeitgeber den Kündigungsgrund sehr genau überlegen. Schlechte Arbeitsleistungen gelten nur in Ausnahmefällen als Rechtfertigung. Der Angestellte schuldet dem Arbeitgeber nämlich keinen Erfolg, sondern nur ein

Bemühen im Rahmen seiner Fähigkeiten. Will der Arbeitgeber aufgrund schlechter Performance kündigen, so muss er beweisen, dass der Arbeitnehmer mindestens ein Drittel weniger Leistung als seine Kollegen erzielt oder aufgrund seiner persönlichen Eigenschaften unfähig ist, die Arbeit vertragsgemäß zu verrichten. Dabei sind Besonderheiten wie Abmahnungen und Versetzungen zu beachten. (1), (2), (3), (5)

Die Rechtslage stellt viele Unternehmer vor ein Dilemma, wenn sie entsprechend dem Sozialplan gute Mitarbeiter entlassen müssen, die Minderleister aber verschont bleiben. Nicht selten finden Arbeitgeber andere Vorwände, um schnell und günstig unliebsame Minderleister loszuwerden. So suchen sie nach Kleinigkeiten, die sich die Mitarbeiter haben zu Schulden kommen lassen. Schummeleien bei der Spesenabrechnung, respektlose Äußerungen gegenüber dem Vorgesetzten oder Unpünktlichkeit, um nur einige zu nennen. (7)

Viele Arbeitgeber sprechen eine nicht-wirksame Kündigung aus, auch auf die Gefahr hin, dass der Arbeitnehmer vor Gericht zieht. Unternehmen, die Streitereien vor Gericht vermeiden wollen, greifen gerne auf einen Aufhebungsvertrag zurück, bei dem sich der Mitarbeiter eine Abfindung auszahlen lässt. Das kostet das Unternehmen Geld, ist aber besser für das Betriebsklima und verhindert teuere Gerichtskosten. (3)

Eine Kündigung aufgrund schlechter Leistungen ist nur dann durchführbar, wenn der Arbeitgeber beweisen kann, dass der Mitarbeiter ein Drittel weniger leistet als seine Kollegen. Für eine wirksame ordentliche Kündigung kommen drei Gründe in Frage (2), (3), (5):
- Die betriebsbedingte: der Arbeitgeber muss eine Sozialauswahl treffen. Schwache Leistungen bleiben hier unberücksichtigt. Gehen muss, wer sozial am wenigsten schutzwürdig ist.
- Die verhaltensbedingte: Der Arbeitnehmer muss seine Pflichten aus dem Arbeitsvertrag verletzt haben. Leistet ein Arbeitnehmer mindestens ein Drittel weniger als seine Kollegen, kann ihm gekündigt werden. Allerdings muss dies vom Arbeitgeber erst bewiesen werden. Der Angestellte schuldet dem Arbeitgeber keinen Erfolg, sondern nur ein Bemühen im Rahmen seiner Fähigkeiten.
- Die in der Person des Arbeitnehmers liegende Kündigung: Diese wird dann wirksam, wenn der Arbeitnehmer aufgrund seiner persönlichen Eigenschaften unfähig ist, die Arbeit vertragsgemäß zu verrichten.

Fallbeispiele

Performance-Programme sind in deutschen Unternehmen gefragt. Beim Bayer-Konzern nimmt ein Drittel der Belegschaft an entsprechenden Programmen teil. Die leitenden Mitarbeiter sind an einer Mitwirkung verpflichtet. Auf einer Online-Plattform werden die Ziele eingetragen, unterzeichnet und gegebenenfalls angepasst. Am Jahresende trägt der Angestellte eine Selbsteinschätzung ein und der Vorgesetzte kommentiert die Ergebnisse. Eine Top- oder-Flop Statistik wird bei Bayer nicht geführt, um die Differenzierungsfähigkeiten der Vorgesetzten nicht zu beeinträchtigen.
Auch IBM möchte durch konsequente Performance-Programme seine Minderleister reduzieren. Ziel ist es laut Heinz Liebmann, Leiter Personalprogramme bei IBM, die Low Performer zu mehr Leistung zu motivieren und so Neueinstellungen zu vermeiden. Gesucht wird nach individuellen Lösungen, da die Ursachen für schwache Leistungen sehr vielfältig sein können. Bei IBM bekommt der Mitarbeiter sechs bis zwölf Monate Zeit, um wieder auf ein Leistungshoch zu kommen. Angeboten werden beispielsweise Trainings oder Job-Rotation. In zwei Dritteln aller Fälle sind die Maßnahmen erfolgreich. Stellt sich kein Erfolg ein, trennt sich IBM von den Mitarbeitern. (6)

Viele Unternehmen nutzen die Krise, um die Qualität der Arbeit ihrer Mitarbeiter zu hinterfragen. Iris Gordelik, Headhunterin im Bereich Marketing, Kundenservice und Vertrieb rät Angestellten nun besonders aufmerksam ihrer Arbeit nachzugehen. Wer seine Position stärken will, sollte sich bei interessanten Projekten engagieren und versuchen Erfolge in Vertrieb und Marketing zu erzielen. (8)

Weil viele Chefs ihren leistungsschwachen Mitarbeitern nicht kündigen können, greifen sie in die Trickkiste, um sie unter anderem Vorwand loszuwerden. Beliebte Gründe sind zum Beispiel Fehler in der Spesenabrechnung, Entwendung von Arbeitsunterlagen, Unpünktlichkeit etc. Welche Argumente vor den Gerichten unter welchen Umständen gelten, erläutert Jens Hagen im Handelsblatt. (7)

Weiterführende Literatur

(1) Nicht hängen lassen Low Performer
aus Financial Times Deutschland Enable vom 01.03.2009, Seite 29

(2) Die Langsamen sind sicher
aus Frankfurter Allgemeine Zeitung, 03.01.2009, Nr. 2, S. C2

(3) Der Beweis der Unfähigkeit
aus Süddeutsche Zeitung, 25.04.2009, Ausgabe Deutschland, Bayern, München, S. V2/9

(4) Unfähig oder unwillig?
aus Computerwoche, 24.04.2009, Nr. 17

(5) Das Einmaleins der Kündigung GUT ZU WISSEN
aus STERN Nr. 19

(6) Manager knöpfen sich Low Performer vor
aus Handelsblatt Nr. 026 vom 06.02.09 Seite 19

(7) Arbeitsrecht Kündigung: Die miesen Tricks der Chefs
aus HANDELSBLATT online 18.04.2009 14:43:43

(8) Klartext: Iris Gordelik über Personalvermittlung angesichts der Krise "Der Zeitarbeit geht es an den Kragen"
aus Hamburger Abendblatt, 28.02.2009, Nr. 50, S. 69

(9) Mit Ruhe durch die Krise Studie: Die meisten Firmen in Deutschland setzen nicht auf großflächigen Personalabbau. Auch Nullrunden beim Gehalt sind die Ausnahme
aus DIE WELT, 31.01.2009, Nr. 737, S. 5

Impressum

Unkündbar? - Unternehmen wollen Minderleister loswerden

Bibliografische Information der deutschen Nationalbibliothek

Die Deutsche Nationalbibliothek verzeichnet diese Publikation in der deutschen Nationalbibliografie; detaillierte bibliografische Daten sind im Internet über http://dnb.d-nb.de abrufbar.

ISBN: 978-3-7379-0940-2

© 2015 GBI-Genios Deutsche Wirtschaftsdatenbank GmbH, Freischützstraße 96, 81927 München, www.genios.de

Alle Rechte vorbehalten. Dieses Werk ist einschließlich aller seiner Teile – z.B. Texte, Tabellen und Grafiken - urheberrechtlich geschützt. Jede Verwertung außerhalb der Grenzen des Urheberrechtsgesetzes bedarf der vorherigen Zustimmung des Verlags. Dies gilt insbesondere auch für auszugsweise Nachdrucke, fotomechanische Vervielfältigungen (Fotokopie/Mikroskopie), Übersetzungen, Auswertungen durch Datenbanken oder ähnliche Einrichtungen und die Einspeicherung und Verarbeitung in elektronischen Systemen.